22 mars 1905

TABLEAUX

Aquarelles, Gouaches, Dessins

J.-MAX CLAUDE

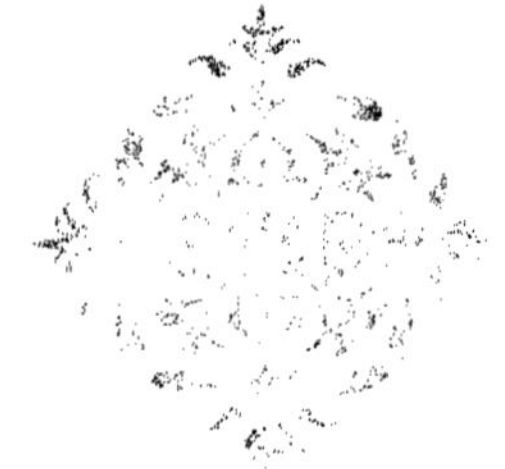

ŒUVRES

DE FEU

J.-MAX. CLAUDE

CONDITIONS DE LA VENTE

Elle sera faite au comptant.

Les acquéreurs payeront *dix pour cent* en sus des prix d'adjudication.

Paris. — Imp. Georges Petit, 12, rue Godot-de-Mauroi. — 15171-05.

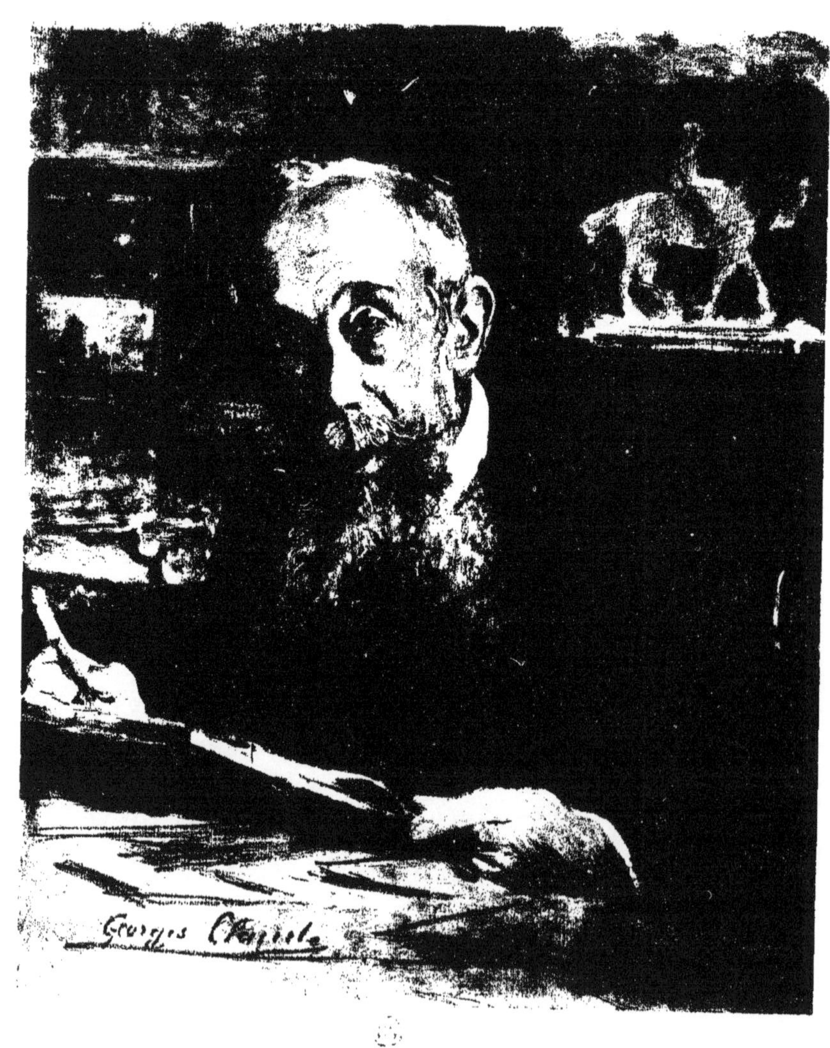

J. MAX CLAUDE

ŒUVRES

DE FEU

J.-MAX. CLAUDE

TABLEAUX

Aquarelles, Gouaches et Dessins

PROVENANT DE SON ATELIER

DONT LA VENTE, APRÈS DÉCÈS, AURA LIEU

HOTEL DROUOT, SALLE N° 7

Le Mercredi 22 Mars 1905

à deux heures

COMMISSAIRE-PRISEUR

Me LAIR-DUBREUIL

6, rue de Hanovre, 6

M. M. MALLET	**M. G. SORTAIS**
EXPERT	PEINTRE-EXPERT PRÈS LE TRIBUNAL CIVIL
13, rue du Helder, 13	4, rue Mogador, 4

EXPOSITION PUBLIQUE

Le Mardi 21 Mars 1905, de 1 h. 1/2 à 5 h. 1/2

J.-MAX. CLAUDE

ARTISTE PEINTRE

CHEVALIER DE LA LÉGION D'HONNEUR

1823-1904

La vente de tableaux et aquarelles de J.-Max. Claude éveillera l'attention des amateurs, aussi bien à Londres qu'à Paris, car il était du très petit nombre d'artistes qui ont compris les élégances de la vie moderne, sans négliger un instant les réalités charmeuses de la nature.

On a tendance à séparer ces deux genres, parce qu'ils se sont séparés d'eux-mêmes. J.-Max. Claude a su les réunir par l'habileté prestigieuse de son pinceau. Personne n'a aimé la nature d'un amour plus fidèle : il y a puisé les premières notions de son art.

Né à Paris, le 24 juin 1823, il passa sa jeunesse à

la raffinerie Delessert, qui était située à Passy et dont son père était directeur, J.-Max. Claude fut placé, très jeune, dans la maison de banque Delessert. C'était l'avenir assuré contre les *alea* de l'art, qui déjà tentait le jeune employé et l'attirait dans les vieilles rues de Passy, dans les coins de verdure, aux heures matinales qui précédaient celles du bureau.

Ce fut P.-V. Galland, le grand artiste décorateur, qui, devenu le beau-frère de J.-Max. Claude, comprit le talent naturel de l'amateur et l'encouragea à quitter définitivement les chiffres pour la palette, le grattoir pour le pinceau.

L'entreprise était hardie, car J.-Max. Claude avait trente ans, était marié et père de famille. Galland lui facilita les débuts en le prenant à son atelier, et bientôt l'élève fut en pleine possession de son talent.

J.-Max. Claude est mort à quatre-vingt-un ans; c'est donc une carrière de cinquante années pleines de labeur incessant et consciencieux, d'inspiration délicate et d'observation affinée, que représente l'œuvre féconde de ce bon et charmant artiste, aimé et vénéré de tous ceux qui l'ont connu.

Ses premiers débuts au Salon datent de 1861. Il avait commencé par l'étude du paysage, du chien et du cheval, et ses premiers tableaux sont des scènes de chasse à courre dans les forêts de Chantilly ou de Fontainebleau, ou des études de chiens. Deux de ces tableaux sont devenus la propriété du duc d'Aumale, et sont encore à Chantilly.

Une première médaille, au Salon de 1866, fut suivie d'une seconde au Salon de 1869, pour un tableau de chasse, qui eut le plus grand succès et qui appartient depuis lors à S. A. R. le comte de Flandre.

Plusieurs tableaux de J.-Max. Claude, datant de cette époque, ont été popularisés par la gravure.

C'est en 1871, pendant un séjour à Londres, qu'il commence la série de ses études si curieuses et si bien observées de la vie élégante, cavaliers et amazones à Rotten Row, qui lui valurent une médaille de deuxième classe au Salon de 1872.

Depuis lors, ce genre, que personne n'avait porté à un égal degré de perfection, ne cessa pas d'avoir le plus grand succès, aussi bien aux Aquarellistes qu'au Salon, aussi bien chez les amateurs que parmi les grands sportsmen.

Sur la fin de sa carrière, il revint plus spécialement à la nature, ne donnant qu'une importance secondaire aux personnages, et cette passion pour le vrai immuable, pour le vrai qui ne suit pas les modes, l'accompagna dans sa verte vieillesse jusqu'à l'heure de la mort.

Il est de ceux dont les œuvres resteront comme la reproduction exacte et spirituelle d'une époque, et aussi comme une étude simple et très vivante de la nature.

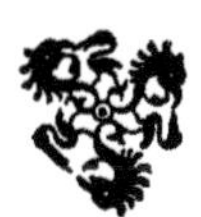

PEINTURES A L'HUILE

1 — *La Baignade des chevaux.*

Toile. Haut., 67 cent.; larg., 1 mètre.

2 — *Départ pour la chasse.*

Toile. Haut., 43 cent.; larg., 53 cent.

3 — *Confidence.*

Toile. Haut., 36 cent.; larg., 44 cent.

4 — *Rentrée de la promenade à Bonchurch (île de Wight).*

Toile. Haut., 35 cent.; larg., 32 cent.

5 — *Feu de joie des pêcheurs, à Cannes.*

Salon de 1902.

Toile. Haut., 30 cent.; larg., 55 cent.

6 — *Cheval de course se défendant au passage d'un train, à Maisons-Laffitte.*

Toile. Haut., 22 cent.; larg., 34 cent.

7 — *Après la pluie, le beau temps (Maisons-Laffitte).*

Toile. Haut., 22 cent.; larg., 34 cent.

8 — *L'Embarquement des chevaux de course, à Maisons-Laffitte.*

Peinture sur papier marouflé.

Haut., 23 cent.; larg., 38 cent.

9 — *Le Bon Gardien.*

Toile. Haut., 26 cent.; larg., 34 cent.

10 — *Départ de la meute. forêt de Saint-Germain.*

Toile. Haut., 24 cent. 1/2; larg., 18 cent.

11 — *Les Pins de Lavandou.*

Toile. Haut., 22 cent.; larg., 34 cent.

12 — *Raccommodage des filets au Lavandou.*

Salon de 1898.

Toile. Haut., 20 cent.; larg., 40 cent.

13 — *Un Héron-butor, nature morte.*

Toile. Haut., 30 cent.; larg., 84 cent.

14 — *Cerf aux abois.*

Toile. Haut., 22 cent.; larg., 27 cent.

15 — *Contemplation, soleil couchant.*

Bois. Haut., 15 cent.; larg., 24 cent.

Aquarelles, Gouaches, Pastels, Dessins

16 — *« Full swing », souvenir de Rotten Row (Londres).*

Importante aquarelle.

Haut., 33 cent.; larg., 59 cent.

17 — *« Full swing », à Rotten Row.*

Esquisse de la précédente.

Aquarelle gouachée.

Haut., 29 cent.; larg., 43 cent.

18 — *« Good bye », retour de Rotten Row.*

Importante aquarelle.

Haut., 28 cent.; larg., 55 cent.

19 — *Départ des enfants pour la promenade à cheval, souvenir de Londres.*

Aquarelle.

Haut., 26 cent.; larg., 37 cent.

20 — *La Rentrée des enfants de Rotten-Row.*

Aquarelle.

Haut., 40 cent.; larg., 29 cent.

21 — *Matinée ensoleillée, à Rotten Row.*

Aquarelle.

Haut., 11 cent.; larg., 16 cent.

22 — *Propos croisés, à Rotten Row.*

Importante aquarelle.

Haut., 34 cent.; larg., 52 cent.

23 — *Amazones, à Rotten Row.*

Aquarelle ébauchée.

Haut., 29 cent.; larg., 26 cent.

24 — *Amazones au pas, à Rotten Row.*

Esquisse.

Aquarelle.

Haut., 21 cent.; larg., 33 cent.

25 — *En ligne, à Rotten Row.*

Aquarelle.

Haut., 17 cent.; larg., 27 cent.

26 — *Amazones arrivant de face, à Rotten Row.*

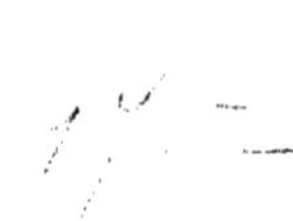

Aquarelle.

Haut., 18 cent.; larg., 35 cent.

27 — *Conversation, à Hyde Park.*

Aquarelle ébauchée.

Haut., 26 cent.; larg., 34 cent.

28 — *Au galop, à Rotten Row.*

Aquarelle.

Haut., 24 cent.; larg., 39 cent.

29 — *Conversation sous les arbres, à Rotten Row.*

Aquarelle.

Haut., 21 cent.; larg., 27 cent.

30 — *Le Matin, à Rotten Row.*

Aquarelle.

Haut., 24 cent.; larg., 39 cent.

31 — *Sortie de Hyde Park.*

Aquarelle ébauchée.

Haut., 31 cent ; larg., 24 cent.

32 — *Promenade à cheval sur la plage par un temps gris.*

Aquarelle.

Haut., 26 cent.; larg., 40 cent.

33 — *Promenade à cheval au bord de la mer.*

Étude de la précédente.

Aquarelle.

Haut., 14 cent.; larg., 21 cent.

34 — *La Pêche aux équilles par un temps gris, à Beuzeval.*

Aquarelle.

Haut., 24 cent.; larg., 40 cent.

35 — *L'Étude au bord de la mer, à Villers.*

Aquarelle.

Haut., 24 cent.; larg., 42 cent.

36 — *Amazones galopant au bord de la mer, marée montante.*

Aquarelle.

Haut., 23 cent.; larg., 37 cent.

37 — *Amazone en contemplation au bord de la mer.*

Aquarelle ébauchée.

Haut., 21 cent.; larg., 24 cent.

38 — *Tous récompensés : chiens Setters Gordon.*

Salon de 1901.

Aquarelle.

Haut., 25 cent.; larg., 47 cent.

39 — *Faux départ, à Longchamps.*

Aquarelle.

Haut., 16 cent.; larg., 33 cent.

40 — *Le Guide, à Zermatt.*

Aquarelle.

Haut., 36 cent.; larg., 27 cent.

41 — *Troupeau de chèvres, à Zermatt.*

Aquarelle.

Haut., 25 cent.; larg., 38 cent.

42 — *Amazone au pas sur la plage ensoleillée.*

Aquarelle.

Haut., 25 cent.; larg., 34 cent.

43 — *L'Heure du bain, à Villers.*

Aquarelle.

Haut., 18 cent.; larg., 32 cent.

44 — *La Sortie des barques, à Trouville.*

Aquarelle.

Haut., 23 cent.; larg., 35 cent.

45 — *Avant le départ pour la pêche, à Trouville, effet du soir.*

Aquarelle.

Haut., 16 cent.; larg., 33 cent.

46 — *Troupeau de chèvres traversant un gué, à Lavandou.*

Aquarelle.

Haut., 12 cent.; larg., 24 cent.

47 — *Le Chevrier suivi de son troupeau au bord de la mer, au Lavandou.*

Aquarelle.

Haut., 15 cent.; larg., 27 cent.

48 — *Doux pays.*

Aquarelle.

Haut., 12 cent. 1/2; larg., 20 cent. 1/2.

49 — *Soleil couchant au Lavandou.*

Aquarelle.

Haut., 13 cent; larg., 24 cent.

50 — *Paysanne à cheval se rendant au marché, souvenir de Plouha (Côtes-du-Nord).*

Aquarelle

Haut., 34 cent.; larg., 29 cent.

51 — *Flaque d'eau sur la plage, à marée basse.*

Aquarelle.

Haut., 15 cent.; larg., 25 cent.

52 — *Première au rendez-vous en forêt de Saint-Germain.*

Aquarelle.

Haut., 35 cent.; larg., 24 cent.

53 — *Dernière recommandation avant la course.*

Aquarelle.

Haut., 35 cent.; larg., 24 cent

54 — *Chien de temps.*

Aquarelle.

Haut., 16 cent.; larg., 27 cent.

55 — *Temps de chien, effet de neige.*

Variante du précédent.

Aquarelle.

Haut., 17 cent.; larg., 18 cent.

56 — *Miséreux, effet de neige.*

Aquarelle.

Haut., 11 cent.; larg., 19 cent.

57 — *Défense d'entrer, effet de pluie.*

Aquarelle.

Haut., 24 cent.; larg., 17 cent.

58 — *Souvenir de soirée au Pirée.*

Aquarelle.

Haut., 19 cent.; larg., 33 cent.

59 — *Chiens accouplés en forêt.*

Sépia.

Haut., 14 cent.; larg., 19 cent.

60 — *Le Relai.*

Dessin aux deux crayons.

Haut., 32 cent.; larg., 24 cent.

61 — *Retour de l'école, effet de neige.*

Fusain.

Haut., 34 cent.; larg., 51 cent.

62 — *L'Ennui.*

Plume.

Haut., 18 cent.; larg., 13 cent.

63 — *Setters Gordon.*

Dessin au crayon noir.

Haut., 25 cent.; larg., 18 cent.

64 — *Chien et chat.*

Dessin au fusain.

Haut., 31 cent.; larg., 19 cent.

65 — *La Ferme de la Vieille, au Lavandou.*

Dessin à la pierre noire.

Haut., 14 cent.; larg., 29 cent.

66 — *La Meute en forêt de Chantilly.*

Dessin rehaussé d'aquarelle.

Haut., 24 cent.; larg., 17 cent.

Aquarelles de J.-Max. Claude

APPARTENANT A M. C***

67 — *Le Tournant, à Rotten Row.*

Aquarelle.

Haut., 26 cent.; larg., 38 cent. 1/2.

68 — *Assemblée de cavaliers et amazones, à Rotten Row.*

Aquarelle.

Haut., 29 cent.; larg., 25 cent. 1/2.

69 — *Les Fifres grenadiers, à Hyde Park.*

Aquarelle.

Haut., 31 cent.; larg., 24 cent.

70 — *Rencontre, à Rotten Row.*

Aquarelle.

Haut., 10 cent.; larg., 17 cent.

71 — *La Halte au passage des piétons, à Rotten Row.*

Aquarelle.

Haut., 15 cent.; larg., 27 cent.

72 — *Le Rencontre.*

Aquarelle.

Haut., 31 cent.; larg., 24 cent.

73 — *La Promenade des babies, souvenir de Londres.*

Aquarelle.

Haut., 13 cent.; larg., 22 cent.

74 — *L'Amazone bleue, souvenir de Rotten Row.*

Aquarelle.

Haut., 31 cent.; larg., 24 cent.

75 — *Le Départ des amazones, souvenir de Londres.*

Aquarelle.

Haut., 27 cent.; larg., 37 cent.

www.ingramcontent.com/pod-product-compliance
Ingram Content Group UK Ltd.
Pitfield, Milton Keynes, MK11 3LW, UK
UKHW020542180726
13839UKWH00006B/2668

9 782329 495231